RUTH RAU

...und jede Wandlung führt in neue Weite

Eindrücke und Erfahrungen auf einer Reise durch die Bretagne

Fotokunst-Verlag Groh
Wörthsee bei München

ISBN 3-89008-740-X

Wörthsee bei München
Gestaltung: Atelier Langenfass

»... Im Schoße der Zeit ist es geworden.
Und in jedem Augenblick war es das,
was es sein mußte.«

Antoine de Saint-Exupéry

Manchmal führt eine Frage zu einer Reise. Und die Eindrücke einer Reise können sich zu einem Buch verdichten.

So ist es mir ergangen. Durch die vielfältigen Veränderungen in der Lebensmitte tauchen Fragen in mir auf: Was verändert sich? Wodurch verändere ich mich? Was ist das Ziel dieser Umwandlungen? Was ist das Bleibende?

Es schien mir nicht genug, darüber nachzudenken. Ich wollte die Antworten sehen und erleben. Ich wollte von der Natur lernen, denn sie ist eine Meisterin der Wandlungen.

Bei Freunden hatte ich Bilder von der bretonischen Küste gesehen, und ich wurde das Gefühl nicht los, ich müßte in die Bretagne fahren mit ihren zerklüfteten Küsten und weiten Stränden und ihrem starken Gezeitenunterschied, und ich müßte dort nach Klippen und Schiffswracks suchen; ich müßte schauen, was da an den Strand gespült wird und wie die Kräfte der Natur es verwandeln.

Jahrelang begleitete mich dieser Wunsch. Eines Tages reiste ich und fand alles, was ich gesucht hatte: Ich fand Schiffswracks, fand Vielfältiges am Strand, fand auch verwitterte Kunstwerke und Kirchenruinen, Gräber und Steinreihen aus der Vorzeit und eine kraftvolle Landschaft.

Was ich gefunden habe, breite ich in diesem Buch aus. Vielleicht erinnert manches an die Schatzkiste eines Zehnjährigen, da gibt es auch zerbrochene Schneckenhäuser, rostige Nägel, Vogeleier und bunte Steine, und ihr Wert ist für jemanden, der sehr erwachsen ist, nicht zu erkennen.

Die Antworten, die ich auf meine Fragen fand, haben sich in Bilder verwandelt und in Farben, sie haben sich in Sätze gekleidet oder auch zwischen den Zeilen versteckt.

Mit zwei Händen voll vergänglicher Dinge kehrte ich zurück. Was daran wertvoll sein könnte, muß jeder für sich entdecken. Ich habe von meiner Reise keine fertigen Antworten mitgebracht. Was ich mitnahm, ist dies: keine Angst zu haben vor Veränderungen.

VERGÄNGLICHE LANDSCHAFTEN

Einen Tag an der bretonischen
Küste erleben, das ist
wie durch ein Schlüsselloch
den dritten Schöpfungstag
belauschen.

LAND UND MEER

Die Woge tanzt. Sie tanzt über das Meer. Sie tanzt im Herzrhythmus Gottes. Sein Atem, der Wind, treibt sie vor sich her, er wirbelt sie auf, er macht sie hoch und stolz. In einem wunderschönen Bogenschwung rollt sie sich ein und ergießt sich mit kraftvollem Brausen an den Strand.

Zwischen den Klippen liegt der Strand weit ausgebreitet, dem täglichen Antanz der Wellen hingegeben. Immer aufs neue streichen sie seinen weichen Boden glatt und nehmen alle Spuren von ihm. Täglich wird er neu gestaltet. Täglich hinterläßt vielfältiges Leben seine Spuren.

Stolz hat das Land dem Meer seine Küsten entgegengesetzt. Wie ein Schiffsbug ragen seine Klippen ins Meer und brechen die anbrandenden Wogen. Hier und da hat das Land dem Meer weite Buchten eingeräumt, in die es die Wellen hineinlockt; hier laufen sie sanft aus. Aber an anderen Stellen stemmt es sich dem Ansturm der Gischt mit aller Kraft entgegen, hat hohe Kreidefelsen aufgebaut oder Granitblöcke aufgetürmt. Und hier wird aus dem Tanz zuweilen ein zähes Ringen; Land und Meer, innig umschlungen, bekämpfen einander, friedlich, ausdauernd.

Wer gewinnt? Wird das Meer sich ins Land ergießen, wird das Land sich behaupten und neue Vorposten ins Meer hinausschieben können? Es ist nicht genug, einmal hinzuschauen. Sieh in tausend Jahren wieder nach oder in hunderttausend. Es gibt immer neue Antworten auf die alten Fragen.

Aber bis jetzt läßt das Land sich nicht unterkriegen. Es tanzt den wilden Tanz mit und gibt wohl hier eine Klippe her und dort einen Felsen, aber es weiß zu bestehen.

Ein solches Land ist die Bretagne.

BOTSCHAFTEN VERGANGENER ZEITEN

Tausend Kilometer Fahrt bei Nacht haben mich in eine Landschaft entführt, die auf den ersten Blick alltäglich wirkt und nichts verrät. Auch ich bin noch mit meinem Alltag beladen und möchte ihm doch so gerne entkommen für diese zwei Wochen im Land der Bretonen, im Lande Merlins, des keltischen Zauberers; im Land am Meer, in dem einst starke Völker mächtige Zeichen hinterließen.
Ich möchte gerne ihrer Botschaft lauschen, aber es ist schwer, ihre Stimmen zu vernehmen, denn sie sind leise, und um mich her ist es oft so laut.
Ich weiß nicht, braucht es Merlins Zaubertrank oder nur ein wenig Geduld, bis Meer und Land, bis Steine und Kapellen ihre Botschaft zu raunen beginnen und bis in mir soviel Schweigen entstanden ist, daß ich zu hören vermag?

MORGEN AM STRAND

Früh am Morgen gehe ich ans Meer. Vor mir breitet sich der Strand aus, im Morgenlicht glänzend. Die Flut ist abgelaufen, aber in allen Rinnen strömt und fließt, gleißt und glitzert es noch. Der Sand ist durchtränkt vom Salzwasser, liegt glatt und schwer und ist in einem stillen, fast unmerklichen Fließen auf das Meer zu unterwegs.

Alle Spuren vom Vortag sind ausgelöscht. Gestern mögen hier Kinder gespielt und Frauen sich gesonnt haben, gestern mag hier Lachen oder Streit, Mutwillen oder Trägheit geherrscht haben – heute ist das alles weggewischt.

Ich bin fast atemlos vor Staunen. Wie neu die Welt heute ist!

Und auch ich. Gestern noch war ich verzagt. Gestern haben mich Zweifel und Unruhe geplagt. Gestern habe ich mein Ziel nicht gefunden, habe versucht, der verbauten und verbrauchten Landschaft zu entfliehen und ein Stück Ursprünglichkeit zu finden.

Dann ist die Nacht aufgestiegen in mir: Die Flut der Nacht stieg auf und überschwemmte meine Ufer. Sie glättete mich und löschte Spuren aus. Die Nacht hat sanft gewogt über mir und ist in mich eingedrungen. Dunkel und schwer geworden, bin ich mir auf den Grund gegangen. Wie Getier aus der Tiefe stiegen Träume in mir auf. Ein siebenarmiger Seestern leuchtete rot in meinen Träumen, und kleine Silberfische huschten umher – ein glitzernder Schwarm sehnsüchtiger Gedanken. Vielleicht auch ahnte ich den Schatten eines großen Hais, der durch die Tiefe seine Bahn zog.

Mit Quallen tanzte ich in einem Unterwassergarten, die Tangwälder wogten, die Quallen leuchteten weiß wie kleine Monde, und ihre Tentakel wiegten sich in der Dünung.

Ich wogte mit. Ein unbekannter Fisch stieg auf und sah mich eindringlich an, als hätte er mir eine Botschaft zu bringen. In mir tanzte die Nacht ihren Reigen.

Gegen Morgen hob mich eine große Woge und spülte mich wieder an den Strand des Bewußtseins.

Offenen Auges sitze ich nun und staune, bin wieder an die Tagwelt preisgegeben und möchte wach sein für einen neuen Tag.

EIN SPIEGELBILD DER ERDGESCHICHTE

Voller Staunen nehme ich um mich her eine Welt im Kleinen wahr. Steine ragen wie Gebirge aus dem Sand. Die Fließrinnen gleichen großen Flußläufen, vom Flugzeug aus betrachtet. Ich vertiefe mich ins Schauen und entdecke immer mehr: Die Kanten der Rinnen weisen die gleichen muschelförmigen Einbuchtungen auf wie die Küsten der Halbinsel, die ich gestern besuchte. Nur der Maßstab ist ein anderer. Ich setze mich auf einen Stein und schaue. Zu meinen Füßen wird eine Welt gestaltet: Rinnsale vereinen sich zu Flüssen und streben dem Meer zu; im Flußbett werden Inseln aus Sand angeschwemmt; aus dem Wasser tauchen Felsen wie Gebirge auf, die sich in einer Sandwüste erheben und lange Schatten werfen. Zwischen ihnen bilden sich klare Seen, in denen die Sonne sich spiegelt. Die kleinen Bäche werden breiter, ihre Kanten brechen ab, Buchten entstehen. Landstriche bleiben hinter dem abgelaufenen Wasser glatt und glänzend zurück. Die auslaufenden Wellen hinterlassen eine Dünenkette.

Mit einem Mal verstehe ich: Vor mir spielt sich ein Stück Erdgeschichte ab. Was ich hier im Kleinen beobachten kann, geschieht auch im Großen. Die gleichen Kräfte gestalten nach den gleichen Mustern auch Länder und Kontinente, nur der Maßstab von Raum und Zeit ist ein anderer. Was hier am Strand Stunden dauert, geschieht in der Erdgeschichte in Jahrtausenden und Jahrmillionen, aber ich kann solche Veränderungen mit meinen begrenzten Möglichkeiten nicht wahrnehmen.

Lange bleibe ich sitzen und denke über meine Maßstäbe nach. Ich hatte zuweilen geglaubt, alles zu überblicken, aber an diesem Morgen am Strand kann ich mir eingestehen, daß manches zu groß ist und zu lange dauert, als daß es für mich faßbar wäre. Mein Blick fällt auf einen kleinen See, der sich am Fuß eines Steins gebildet hat. Ein winziger Krebs schwimmt darin umher. Und wer weiß, was noch alles darin lebt an kleinen, für mich unsichtbaren Lebewesen; ganze Lebensläufe mit Geburt, Hochzeit und Untergang mögen sich da abspielen, während ich auf dem Stein sitze und mir die Füße trockne.

BEI EBBE

Eines Abends bin ich im Hafen von Quiberon. Beim Abendessen kann ich die Bucht in Regenschwaden und Nebel versinken sehen, in traumhaft schönen Farben. Am anderen Ende der Bucht spritzt die Brandung meterhoch auf, schon weit draußen kippen die Wellenkämme und bilden weiße Schaumkronen.

Dann setzt die Ebbe ein, und das Wasser beginnt zu sinken. Gleich vor meinem Fenster liegt ein Boot gerade noch mit seinem Kiel im Wasser. Es zerrt an seinen Tauen wie ein Hund an der Kette; mir scheint, es will in seinem Element bleiben.

Eine halbe Stunde später sehe ich es auf dem Sand liegen; es sitzt fest und muß geduldig warten, bis die Flut kommt.

Ich habe die Traurigkeit des Bootes gespürt, als es da im Hafen festlag auf dem Trockenen, aber als ich am nächsten Morgen hinschaue, tanzt es wieder im Wasser, stolz und zu jeder Fahrt bereit.

IM RHYTHMUS DER GEZEITEN

Die erste Begegnung mit dem Meer wird keiner vergessen: Wasser bis zum Horizont. Meterhohe Brandung. Und dann das Erschrecken: Wo man eben noch im trockenen Sand stand, umspült plötzlich eine auslaufende Welle die Füße, und man muß zurückspringen. Zusehends wird der Strand kleiner.

Einige Stunden später hat das Meer sich wieder zurückgezogen, hat geheimnisvolle Wattgebiete freigelegt, in die man sich nur zögernd vorwagt, weil sie hier begehbar sind und dort wieder nicht. In der Bretagne habe ich flache Buchten erlebt, die bei Ebbe kilometerweit frei liegen; die Flut kommt nicht in Wellen herein, sondern in einem lautlosen Fließen, als ob irgendwo weit hinten jemand einen riesigen Eimer ausgeschüttet hätte.

Die erste Begegnung mit dem Meer löst Beunruhigung in uns aus. Wir spüren gewaltige Kräfte am Werk und erfahren, wie klein wir sind. Später, wenn wir uns ans Meer gewöhnt haben, stellt sich ein Gefühl der Gleichförmigkeit ein. Das Kommen und Gehen der Wasser, jeden Tag, zu einer berechenbaren Zeit. Man könnte die Uhr danach stellen.

Die Küstenbewohner sind es von klein auf gewohnt. Sie strahlen eine Ruhe aus, die ihren Ursprung im Gezeitenrhythmus hat, nach dem sie leben. Sie können gar nicht anders. Niemand kann bei Ebbe auf Fischfang gehen. Also hat man Zeit, die Netze zu flicken und einige Worte mit dem Nachbarn zu wechseln oder im Schlick nach Krebsen zu suchen. Die Flut kommt bestimmt zurück.

Ich fragte einen Bretonen, wie das Wetter wird. »Hoffentlich gut«, gab er zur Antwort. Dann sah er mich an und sagte rauh: »Man muß die Bretagne nehmen, wie sie ist.«

STRANDGUT

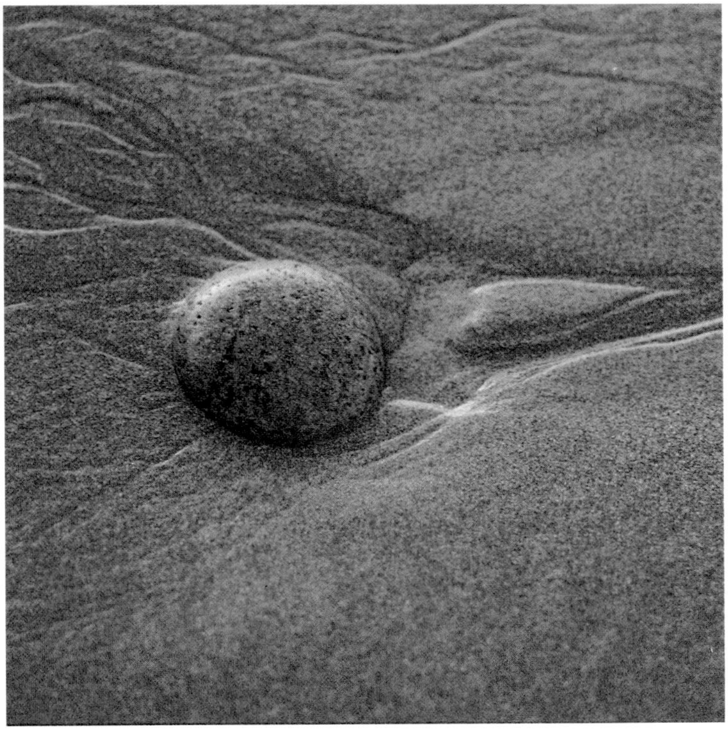

. . . Sprünge im Schlick,
ein Tuch im Sand,
wie ein Schleier verhüllend
und zugleich sichtbar machend,
eine Karte, unleserlich geworden,
eine Botschaft, die nicht ankam . . .

IM KREISLAUF

Was das Meer an den Strand spült, das verwandelt und verwertet die Natur. Aus Muschelschalen macht sie Sand. Aus toten Tieren läßt sie Nahrung für lebende Tiere werden. Aus alten Holzbooten kann sie eine Wohnstatt machen für Tang und Moos, für Krebse und Muscheln.
Was wir an den Strand werfen, kann die Natur nicht immer verwandeln. Plastik verrottet nicht, von giftigen Abfällen kann sich niemand nähren. Wir stören den Kreislauf der Natur, in den bislang alles eingeordnet war. Vieles, was aus unseren Händen hervorgeht, widersetzt sich der weisen Wandlung. Wir sind in eine Sackgasse geraten. Der Kreislauf des Werdens und Vergehens ist ins Stocken gekommen.
Spüren wir denn nicht, daß wir der Natur nicht einfach unsere Gesetze aufzwingen können? Die Naturgesetze wandeln sich nicht. Wir müssen uns wandeln.

... ALS HÄTTE ICH ETWAS VERLOREN

Als ich zum ersten Mal ans Meer kam, mit zwölf Jahren, fand ich dort Muscheln und Seesterne, Quallen und Krebse – Zeugen eines vielfältigen Lebens.
Wenn ich heute am Strand entlanggehe, finde ich zwischen den Muscheln Plastiktüten und Flaschen, Zigarettenschachteln und Bierdosen, einen Gummihandschuh, eine Kunststoffgabel – Zeugen eines einfältigen Lebens.
Es hat sich so viel geändert seit damals. Ich wuchs mit Hausgeräten auf, die ich heute in Museen wiederfinde. In der Wohnstube meiner Kindheit gab es Herdfeuer und am Fenster Eisblumen, Krautfaß und Lieder, Bratäpfel und Märchen.
Ich schaue zurück, und es will mir scheinen, als hätte ich etwas verloren und ich müßte es bald suchen, weil die Erinnerung schon zu verblassen beginnt.
Nicht alles hat sich zum Guten gewandelt.

EIN NEUES GLÜCK

Mit den Jahren habe ich ein neues Glück entdeckt. Es besteht darin, im Einklang zu sein mit den Lebensgesetzen. Ich lasse mich mitnehmen vom Tag-und-Nacht-Rhythmus, vom Wechsel der Jahreszeiten; ich gehe mit der Zeit, die eine Knospe zum Erblühen braucht oder ein Kind zum Werden; ich halte an den langen grauen Tagen im Spätwinter still und versuche ihren Sinn zu ahnen.
Früher habe ich diese Gesetze manchmal als Einengung empfunden. Da war ich ungeduldig und habe gemeint, ich könnte alles möglich machen.
Doch dann lernte ich die Weisheit und Schönheit kennen, die in diesen Lebensgesetzen enthalten sind. Ich lernte den Schmerz kennen, wenn ich gegen diese Regeln verstieß. Und ich lernte die Freude kennen, im Einklang zu sein – mit mir, mit den Lebewesen um mich her, mit der Erde.
Nur wenn ich genau hinschaue, offenbart die Schöpfung ihre Geheimnisse. Sehen lernen ist eine lebenslange Aufgabe. Und hören lernen ebenso.
Es liegt eine Melodie im Rauschen der Wellen. Es ist eine Klage und ein Jubel im Schrei der Möwen. Ich möchte sehen und hören lernen, bevor mir Hören und Sehen vergeht. Und möchte wieder lernen zu vertrauen.

WANDLE DICH

»Wandle, wandle, wandle dich . . .« Eine Melodie aus meinen Kindertagen klingt mir im Ohr, als ich am Strand entlanggehe und mich umschaue. Hat nicht gestern noch dieser Priel einen anderen Verlauf genommen? Die Muschelschalen, die unter meinen Schritten zerbrechen, haben vor Tagen noch einem Tier Schutz gewährt. Und vor Jahren noch war jener Felsen da draußen mit dem Land verbunden. Wie schnell das alles sich wandelt!
»Wandle, wandle, wandle dich; Stroh zu Gold verzaubert sich . . .« Immer deutlicher kommt mir die Erinnerung an das alte Lied. Damals hatten wir Schulmädchen das Märchen vom Rumpelstilzchen aufgeführt, und die geheimnisvoll-unheimliche Melodie begleitete die Szene, in der das Stroh zu Gold gesponnen wurde.
»Wandle dich!« Wie oft habe ich seither diese Aufforderung vernommen. Immer ein wenig unheimlich und beängstigend. Damals, als es galt, das Kinderland mit seinen Märchen zu verlassen und eine Frau zu werden. Ohne viel zu fragen, hatte die Natur mich umgestaltet. Und später, immer wieder, wenn ich mich in einer Lebensphase häuslich eingerichtet hatte, vernahm ich diese zuerst nur leise geraunte und dann immer mahnender werdende Aufforderung: »Wandle dich.« Stroh zu Gold? Ach nein. Eher wollte es mir scheinen, als würde all mein Gold zu Stroh gemahlen von den

Mühlen des Alltags. Die Zeit gräbt ihre Zeichen in meine Züge. Jeden Tag verbrauche ich Kraft, um ein Stück Leben zu gestalten. Manchmal verstreicht glanzlos Woche um Woche.
Und doch sehe ich in stillen Stunden das Gewandelte wie Gold schimmern. So vieles, was spröde schien in meinem Leben und strohtrocken, hat unter der Bereitschaft, sich zu wandeln, einen ganz eigenen Glanz bekommen und offenbart erst jetzt sein wahres Wesen.

»Wandle dich.« Was wird noch alles zum Vorschein kommen? Nach welchem Bild werde ich umgestaltet? Und was wird sein, wenn einmal die äußere Hülle zerfällt? Vielleicht wird, wie bei einer Muschel, das unscheinbare Äußere die Innenseite freigeben und eine Perle offenbaren. Was mir störend und fremd erschien in meinem Leben und mich schmerzte, gerade das könnte sich am Ende als wertvoll erweisen, sofern es mir nur gelingt, es mir zu eigen zu machen. »Wandle dich«, das ist die leise Aufforderung all der Märchen aus meinen Kindertagen, denn in den Märchen muß sich immer etwas wandeln. Da wandelt sich Stroh zu Gold, ein Frosch wandelt sich in einen Prinzen, ein Bruder wird in ein Reh verwandelt und muß erlöst werden... Wandle dich, auf daß Lösendes geschieht. Wenn du festhältst, bleibt alles beim alten. Dann bleibt das Stroh Stroh und Totes bleibt tot und Verwünschtes verzaubert.
Wenn du dich aber wandelst, kann Neues werden. Die zerbrechenden Klippen und zerriebenen Muscheln werden zu neuem Land. Die Blüte, die du preisgibst, reift zur Frucht und trägt Samen für neues Leben. Die mit Tränen säen, werden mit Freuden ernten. Und all deine Klage wird verwandelt in einen Reigen.

WAR EIN BOOT . . .

Und was wird aus dem,
das nicht mehr in seinem
Element ist?

SCHIFFSWRACKS

Als in meinen Gedanken die Reisepläne sich formten, die Landkarte der Bretagne sich mir einprägte und die Reiseroute Gestalt annahm, da tauchten vor meinem inneren Auge auch Schiffswracks auf. An ihnen, so dachte ich mir, müßte sichtbar werden, wie die Natur verwandeln kann, was Menschen aus ihr geformt haben. Aber wo sollte ich sie finden? Schiffswracks sind auf keiner Landkarte verzeichnet und in keinem Reiseführer erwähnt. Ich fand sie trotzdem, meinem Spürsinn folgend, an einsamen Stränden und in kleinen Fischerhäfen.

Und sie gaben mir ihre Geheimnisse preis. An ihnen sah ich, daß die Natur skelettiert.

Das erste Wrack lag im Schlick wie das Gerippe eines verdursteten Tieres in der Wüste.

Die Bootsrippen starrten in den Himmel. Algen und Moose hatten ihnen mit den Jahren eine neue Farbe gegeben.

Drei Boote fand ich bei Loquenole. Das eine auseinander gebrochen, das andere umgekippt. Mit seinem dunklen Kiel erinnerte es mich an einen gestrandeten Wal. Das dritte wirkte wie von Wasser und Wind geglättet. Die Sonne hatte alle Farbtöne aus dem Holz gebleicht, es glänzte silbrig im hellen Licht. Der schön geschwungene Kiel, der einmal unter Wasser verborgen gewesen war, offenbarte sich nun den Blicken. Ein Schiff im Wasser ist eine Selbstverständlichkeit, aber ein Boot auf dem Trockenen – da verstehst du erst, was ein Boot ist. Wie verschieden das Werk der Zerstörung sich auswirkt, das die Natur betreibt.

Den einen läßt sie häßlich und bloß werden, offenbart all seine Schwächen, enthüllt seinen Verfall, deckt die Eingeweide auf – und den anderen befreit sie von allem Störenden, glättet ihn und macht das Wesentliche sichtbar.

DIE GESCHICHTE VOM MANN UND DEM BOOT

Der Mann, der am Meer aufwuchs: Schon als kleiner Junge fuhr er mit zur See und saß abends manchmal am Hafen und träumte von einem eigenen Boot. Er lauschte vielleicht auch verwirrt und

sprachlos der Seelenmesse für einen Onkel, Bruder oder Nachbarn, der auf See geblieben war.

Ein Junge, der bei Seegang manchmal jauchzte vor Lust und Angst. Voller Stolz brachte er seiner Mutter den ersten Fang – hat er je ein köstlicheres Fischgericht gegessen als das, welches sie ihm daraus bereitete, gerührt von Stolz und voller Trauer, weil sie weiß, daß auch dieser Sohn zur See gehen und ein Fischer werden wird und daß ihre Arme ihn nicht mehr schützen können.

Und während der Sohn heranwächst und seinen ersten Sturm und seine erste Liebe erlebt, reift in ihm das Boot. Es beginnt als blasser Traum. Der Mann und sein Boot wachsen heran. Jahrelang geht er schwanger mit dem Boot, ohne ein bewußtes Wissen, aber jeder Traum läßt das Boot fester und wirklicher werden. Jahr um Jahr gewinnt es an Farbe und Form und wird immer größer, seetüchtiger, prächtiger.

Und dann Besuche in der kleinen Werft am Hafen, prüfende Griffe an das Holz, Gespräche mit den Seeleuten und Kennerblick und schließlich auch das Rechnen und Zählen und Überschlagen.

Und nun ist er ein Mann und sieht in der Werft sein Schiff Wirklichkeit werden, das aus seinen Träumen entstanden ist und mit dem er das Mädchen ernähren will, das er gewählt hat. Tag für Tag schaut er zu, studiert die Pläne, prüft das abgelagerte Holz, sieht zu, wie die Spanten zusammengefügt werden, weist den einen oder anderen Balken zurück, der ihm nicht fest genug erscheint. Er sieht das Boot werden, er prüft jeden Nagel, denn er weiß, daß sein Leben an das Boot geknüpft sein wird von dem Tag an, da es vom Stapel läuft und in See sticht.

Zum Schluß legt er selber mit Hand an und trägt den Lack auf, Schicht um Schicht, prüft jede Ecke und dichtet jede Ritze ab und malt zuletzt liebevoll den Namen auf den Bug. Und führt das Mädchen heim und ist fortan ein Fischer mit einem Boot und füllt sein Leben damit, zur See zu fahren und Stürme zu bestehen und Fisch zu fangen, Netze zu flicken und seinen Kindern beim Wachsen zuzuschauen. Er mag seine Frau lieben, aber zutiefst verbunden ist er im Innersten mit seinem Boot, und was er mit ihm erlebt, die Sturmnächte, die Brecher über Bord, die Angst, die Nebelgespenster nachts bei Mondlicht, darüber schweigt er am allermeisten. Liebevoll richtet er wieder her, was die Brecher zerschlugen; auf seinen Husten achtet er nicht, und daß sein Haar grau wird mit den Jahren, das merkt er kaum, denn an Bord hat er keinen Spiegel. Er erinnert sich zuweilen, wie seine Frau als junge Mutter aussah und bemerkt, wie sie verblüht und welkt; er läßt die Töchter wegheiraten und ist manchmal traurig, daß er keinen Sohn hat.

Eines Tages trägt er die Frau zu Grabe, und sein Haus wird öde, aber die Tage auf See ändern sich nicht, und sein Boot mag wohl altern, aber er kennt jeden Nagel und sorgt, daß alles fest bleibt und erneuert die Farbe und schützt liebevoll die alten Planken und achtet immer noch nicht auf den Husten im Winter, denn der Fisch fragt nicht nach dem Wetter, und die Fanggründe sind manchmal weit draußen.

Niemals hat er jemandem verraten, daß er oft mit seinem Boot spricht, wenn er allein auf Fang fährt. Wozu auch darüber reden. Die am Land verstehen es nicht, und die Fischer wissen es alle, jeder ist

mit seinem Boot verwachsen, das bedarf keiner Worte.
Irgendwann kam der Winter, in dem der Husten so arg wurde, daß der Fischer nur noch selten auf Fang fuhr; und der Sommer kam, in dem er lieber in der Sonne saß und keine Kraft mehr hatte, die morschen Planken zu befestigen und die löchrigen Netze zu flicken. Und im folgenden Winter fuhr er nicht mehr hinaus, kein einziges Mal, es gab aber noch Tage, an denen er aufstehen und zum Hafen gehen konnte, und er sah sein Boot liegen und war voll Glück und Trauer und nahm, ohne es zu benennen, Abschied. Und seit sie ihn im Frühjahr begruben, hat das Boot sich nie wieder gerührt; während er drinnen verfiel, zerfiel es draußen, niemand fragte nach ihm, wozu brauchten die Töchter in der Stadt ein altes Boot?

Die Nachbarn fahren mit ihren eigenen Kähnen, und die Jungen nähren ihre eigenen Träume. Denn der Mann, der keinen Sohn hat, baut nur für eine Generation, und der einen Sohn hat, baut, damit umgebaut werden kann, und Fisch fängt keiner auf Vorrat.
Und für das Meer verschwimmen Vergangenheit und Gegenwart und Zukunft in Ebbe und Flut und Woge um Woge.
Und wie das Meer die Küste umgestaltet, kann der Fischer mit seinen Augen nicht sehen, weil seine Zeit zu kurz ist.

MEIN BLAUER ERDTEIL

Am Rumpf eines Schiffswracks entdeckte ich die Landkarte eines blauen Erdteils. Er war in den abblätternden Lack gezeichnet und erregte sofort meine Aufmerksamkeit. Welch seltsames Land.

Vielleicht begrenzt es die Meere, die das Boot auf seinen Fahrten befahren hatte. Vielleicht war dort der Ursprung der Träume, die der Seemann auf seinen Reisen träumte. Oder auch das Heimatland meiner Phantasie. Mein blauer Erdteil, ein unentdecktes Land, noch nicht erforscht und voller Geheimnisse.

Du meinst, die Erde sei klein geworden, weil ein Flugzeug dich in wenigen Stunden auf die andere Seite des Erdballs bringt? Ach nein, das will uns nur so scheinen. Sobald wir in die Tiefe dringen, ist überall Neuland. Und sobald wir ein Geheimnis enträtselt zu haben glauben, tun sich an seiner Stelle zehn neue Fragen auf. Wenn du erst die Sprache des Morgenwindes verstehen lernst und die Runen im Muster einer Baumrinde entzifferst, wenn du die Mühsal der Frösche verstanden hast, die im Frühjahr von Wassertieren zu Landtieren werden und es erlernen müssen, Luft zu atmen, dann hast du schon einen Schritt ins Neuland getan. Und wenn du in deiner Seele die höchsten Berge und die tiefsten Täler entdeckst und deine größten Freuden und Schmerzen erkannt hast, dann bist du einen zweiten Schritt gegangen. Aber dann ist immer noch die Erde voll geheimer Zeichen und die Herzen der Menschen voll geheimer Gedanken, und das Antlitz Gottes beginnt am Horizont zu leuchten wie ein aufgehender Mond, und dann wird es Zeit, den dritten Schritt zu tun.

WOLKEN ZIEHEN DRÜBER HIN . . .

Wir können Gott
nur in der Tiefe finden.

SCHÖPFEN
AUS ALTEN QUELLEN

Vor vielen Jahren erlebte ich am Beginn einer Reise einen Abendgottesdienst in einer romanischen Kirche. Der Widerhall der Gesänge in den hohen Gewölben erschien mir damals als der Inbegriff der Sammlung und als Ausdruck eines Glaubens, der durch die Kette der Generationen weitergereicht wird. Aber nun erscheint mir die Kette manchmal wie unterbrochen.

Heute sehe ich in der Bretagne verfallende Kirchen, sehe sie verwahrlosen und zu Gerümpelkammern und Kitschsammlungen werden, in denen Wertloses vergoldet und zur Musik vom Band den staunenden Besuchern dargeboten wird, während die alten heiligen Dinge unbemerkt verfallen – es tut mir weh. Ich möchte davonlaufen oder die Augen schließen. Aber wenn ich sie offen lasse, sehe ich: Diese Zeit des Glaubens, der sich in mittelalterlichen Formen ausdrücken konnte, ist vorbei. Mit den Menschen vergangener Zeiten ging auch ihre Weise zu glauben dahin. Der Faden scheint mancherorts wie abgerissen.

Wenn etwas heute gültig sein soll, muß es neu entstehen, muß es Antwort geben auf die Fragen von heute.

Aber das ist nicht so einfach zu haben. Die Steindenkmäler der Frühzeit geben ohne weiteres nichts her. Man hat versucht, an die keltische Kultur anzuknüpfen, was immer man darunter verstand, aber der Versuch ist kraftlos geblieben.

Merlin schweigt im Zauberwald; die Leute von Carnac haben ihre Geheimnisse mit ins Grab genommen; der Christus an den Wegkreuzen verwittert, seine Form wird verschwommen, sein Gesicht ist nicht mehr zu erkennen.

Wir werden neue Brunnen graben müssen, um aus den alten Quellen zu schöpfen. Wir sollten es bald tun. Denn wir leben in einer durstigen Zeit.

BEAUPORT ABBAYE

Jahrhundertelang hat der schwere Gesang der Mönche die stattliche Abteikirche von Beauport erfüllt. Jahrhundertelang wurde dort im feierlichen Halbdunkel das Weihrauchfaß geschwungen und der Herr des Lebens gepriesen.
Heute scheint die Sonne in die Halle; die hohen Mauern sind mit blühenden Rosen bedeckt, und Vögel brüten in den Büschen, die sich zwischen den Marmorplatten des Bodens ausgebreitet haben.
Heute hat sich Gott einen Garten dort angelegt. Er säte zarte Gräser aus, die das Filigran der Fenster erfüllen. Er erfreut sich am Duft der wilden Rosen. Sein Lob wird von den Vögeln gesungen.
Und zuweilen, so will es mir scheinen, spielt er mit den Schmetterlingen zwischen den heiligen Mauern. In ihren besten Zeiten kann diese Abtei kaum schöner gewesen sein als heute. Was wir Zerstörung zu nennen gewohnt sind, nennt Er Wandlung. Wandlung geschah schon immer in den Kirchen. Brot wurde zu geheiligtem Brot. Wandlung geschieht auch jetzt.
Wo Menschen die Erde mit hartem Stein bedecken und die Wälder zerstören, da bricht er Dächer der Kirchen auf und pflanzt sich in Ruinen blühende Gärten.
Gott hat sich schon immer mit dem Lebenden verbündet.

DER TEMPEL VON LANLEFF

An einem Sommertag kam ich zu den Ruinen von Lanleff. Mittagshitze stand in den alten Mauern. Langsam umwanderte ich im Säulengang die Mitte.

Solche Rundbauten haben etwas Geheimnisvolles; sie entziehen sich jeder Festlegung, lassen sich weder mit einem Blick erfassen noch in ein Bild bannen. Sie haben keine eindeutige Ausrichtung.

Man muß sie umwandern, umkreisen, sich von ihnen einkreisen lassen.

Ich war umgeben von den efeubewachsenen Mauern, aber nicht gefangen, da nach oben alles offen war. Wo einst ein Dach war, fiel nun Sonnenlicht in die Rotunde. Wolken zogen drüber hin. Ich empfand keine Trauer, spürte keine Zerstörung, nur Stille und Frieden.

Ein Schmetterling saß auf der Mauer, reglos. Seine Flügel schimmerten im Licht.

Sein Da-sein schien mir wie ein Gebet, das den Raum füllte. Nicht himmelstürmende Bitten, sondern ein leuchtender Dank, eine Anbetung.

KRAFTLINIEN

Mir ist eine Gemeinsamkeit aufgefallen an den Kirchenruinen, den Schiffswracks, den verwitternden Dingen am Strand und den Klippen: es findet jeweils eine Skelettierung statt. Das Weiche, Füllende ist vergänglich.
Was bleibt, was sich der Verwitterung widersetzt, sind die Kraftlinien: das Maßwerk, die Säulen, das Rückgrat eines Schiffes oder Wirbelwesens, die Spindel eines Schneckenhauses.
Diese Kraftlinien können Jahrhunderte und Jahrtausende Wind und Wellen, Brandung und Brecher überdauern und der Verwitterung trotzen. In ihnen sind die Lebenskräfte geflossen. Sie haben Zug und Druck, Schub und Gegenschub ausgehalten, haben die Kräfte weitergeleitet und sie ans Erdreich oder ans Wasser abgegeben. Sie sind erprobt im Standhalten.

ZU WÄCHTERN AUFGESTELLT

Wir können nicht das Leid
aus der Welt schaffen.
Aber was wir tun können,
ist dies:
einander die Füße waschen
und die Tränen trocknen.

BRETONISCHE KALVARIENBERGE

Kalvarienberge gehören unverwechselbar zur Bretagne. Sie haben ihre eigene Geschichte. Aus Wegkreuzen und Kirchhofkreuzen haben sich mancherorts figurenreiche Gruppen entwickelt. Einige Dörfer wetteiferten darin, sich den schönsten Kalvarienberg auf den Kirchhof zu stellen, umgeben von einer Mauer, manchmal daneben ein prächtiges Beinhaus, alles in kunstvoller Steinmetzarbeit aus dem grauen Granit der Bretagne gehauen.

Und bretonisch sind auch die Gesichter. Die Apostel sehen aus wie Fischer; die drei Frauen am Grabe Christi sind den Marktfrauen nachempfunden; ein Präfekt mag das Vorbild für Pilatus abgegeben haben.

Das verleiht den Kalvarienbergen etwas Lebensnahes. Als Silhouette betrachtet, wirkt ihre Figurenversammlung wie ein Treffen auf dem Markt. Du könntest dich dazwischenstellen, du würdest nicht auffallen. Du wärst einer von ihnen. Oder: sie sind einige von uns. Und je länger ich mich mit den Kalvarienbergen beschäftige, um so stärker wird der Eindruck: da werden nicht alte Geschichten dargestellt, sondern Ereignisse, die immer wieder geschehen, gestern, heute und solange es Menschen gibt. Vielleicht ist immer wieder einer unter den vielen Besuchern, der sich anrühren läßt, der Augen hat, zu sehen; und so stehen sie wohl nicht vergebens da oben.

WIE LEUTE AUS DEM VOLK

Die Kalvarienberge haben viel zu erzählen. Man müßte sie langsam und oft umwandern, um sich allmählich hineinzusehen in ihre Bildsprache. Inmitten einer Busladung Reisender fällt es schwer, sich in Ruhe in die Leidensgeschichte Christi zu vertiefen. Vielleicht gelingt das in einer stillen Jahreszeit besser. Aber auch dann, wenn es ein grauer Tag ist, an dem man gern den Mantelkragen hoch stellt und sich nach der ersten Umrundung mit einem heißen Kaffee aufwärmt, wird man wohl eine Weile brauchen, um unter den Flechten die Gestalten und Gesichter zu entdecken und sie erzählen zu lassen. Denn dazu stehen sie ja dort oben als Wächter und Mahner, und zugleich sind sie Leute aus dem Volk, die ihrer eigenen Passion nachgehen:

Pilatus, der Verwalter, der keine Scherereien will und sich Mühe gibt, es sich mit keiner der Seiten zu verderben.

Herzlos erscheinende Soldaten, das war wohl erlebte Realität. Und die Frauen am Grabe scheinen eher um einen Sohn zu trauern, der auf See blieb.

Einfache, zum Teil harte bretonische Gesichter, wie man sie auch heute noch sonntags beim Kirchgang sehen kann.

Natürlich fehlt auch das Lotterweib nicht, das für ihren Liebhaber, den Teufel, eine Hostie stahl und nun zur Hölle geführt wird, barbusig und eine Warnung an alle jungen Bretoninnen, nicht vom Pfade der Tugend abzuweichen.

Und mitten in all dem Figurengewimmel die ruhige Gestalt und das klare Gesicht des Herrn, wie er Petrus die Füße wäscht, mit aufgekrempelten Ärmeln; eine stille Predigt, die Demut des Herzens nicht zu vergessen und die Würde des Menschen in jedem zu ahnen.

NOLI ME TANGERE – RÜHRE MICH NICHT AN

Während ich den Kalvarienberg langsam umwandere, entdecke ich Maria Magdalena, die vor dem Auferstandenen kniet. Scheu und staunend blickt sie zu Christus auf, dessen Geheimnis ihr mit den Worten »Noli me tangere – rühre mich nicht an« entzogen wird. Heiliges muß vor der Berührung durch voreilige Hände geschützt bleiben. Das ist gut so.

Aber die Silhouette dieser beiden Figuren rührt mich noch auf eine ganz andere Weise an. Unabhängig von der Bedeutung der biblischen Erzählung habe ich hier eine Aussage eines mittelalterlichen Künstlers – eines Mannes – vor Augen, in dem sich das Gefälle zwischen Männern und Frauen zu seiner Zeit ausdrückt.

Hier sehe ich den Mann: würdig, erhaben, nach oben weisend (was immer das bedeuten mag: aufwärts, vorwärts, auf jeden Fall: weg von der Erde) – und die Frau, die zu diesem Mann aufsieht, die Abstand halten muß, weil er gebietet: Komm mir nicht zu nahe. Rühre mein Geheimnis nicht an. Taste das Geheimnis meiner Macht nicht an.

Wie oft mag es geschehen, daß eine liebende Frau mit solch einem Noli-me-tangere in ihre Grenzen zurückgewiesen wird.

MIT DEN AUGEN DER LIEBE

Es tröstet mich ein anderes Bild, das ich ebenfalls auf einem Kalvarienberg entdecke:
ein liebendes Paar, sich gegenüberstehend, auf gleicher Höhe, Auge in Auge, Hand in Hand, einen Kreis bildend, in dem sich Himmel und Erde vereinigen.
Es ist wohl immer nur die Liebe, die zwei Menschen auf eine Stufe stellt.

PILATUS UND CHRISTUS

Ein Bild ist mir von all den Figuren der Kalvarienberge am deutlichsten in Erinnerung geblieben. Es ist die Gegenüberstellung von Christus und Pilatus.

Pilatus – das ist die steingewordene Verkörperung von Macht. Er steht für Gesetz und Ordnung. Er spricht Recht. Er rechnet mit Fakten.

Und ihm gegenüber Christus, in dem die Liebe Mensch wurde. Er, dem immer die Menschen wichtiger waren als die Gesetze und der es trotzdem fertigbrachte, daß kein Chaos entstand, sondern jeder zu seinem Recht kam, weil er jedem Liebe entgegenbrachte.

Pilatus und Christus – sie stellen zwei Wege dar, zwischen denen wir wählen können.

Pilatus, das ist der Weg des Rechts, dem die Weltgeschichte seit Anbeginn folgt. Er führt in einen Krieg nach dem anderen, weil jeder Rechtsspruch irgend jemandem nicht gerecht wird und weil immer neues Unrecht gerächt werden muß.

Der andere Weg ist Jesus Christus. Er ist der Weg des Verzeihens, der Liebe, der Hingabe. Auf diesem Weg muß kein Mensch mehr einem Gesetz, einer Idee, einem System geopfert werden.

Denn dieser Weg ist der Weg der Liebe zum Leben; es ist der Weg Gottes.

Oft haben die Kirchen diesen Weg verlassen und haben Wege der Macht, des Rechts und des Unrechts beschritten und dabei unzählige Menschen geopfert. Deshalb hat die Botschaft der Kirchen so viel von ihrer Kraft verloren.

Aber die Botschaft Jesu Christi hat nichts von ihrer Kraft verloren. Ich habe in vielen Religionen gute Gedanken und große Worte gefunden. Aber in Jesus Christus ist für mich diese Wahrheit lebendig geworden, daß wir nur in Frieden leben, daß wir nur überleben können, wenn wir uns der Liebe öffnen, wenn wir bereit sind, zu vergeben und Gnade vor Recht ergehen lassen, und wenn unsere einzige Macht die Kraft unserer Liebe ist.

Ich glaube,
daß das Wesentliche
unzerstörbar ist.

UND LÖSCHT DEINE SPUR AUS . . .

Wer einmal barfuß am Strand entlangläuft, kommt kaum umhin, über seine Spuren nachzudenken. Du machst einen Schritt und setzt deinen Fußabdruck in den nassen Sand. Und die nächste Welle läuft auf den Strand und löscht deine Spur aus. Und du machst wieder einen Schritt . . .
Meine Spuren, so habe ich erfahren, sind vergänglich. Ich sah zu, wie die Flut sie auslöschte und nahm überrascht wahr, daß es mich schmerzte.
Was wird bleiben, wenn ich nicht mehr bin?
Unleserliche Texte und Bilder von irgendwo, Kleider, die niemand mehr tragen mag und ausgetretene Schuhe, deren Spuren Regen und Wind längst verwischt haben.

Noch eine Weile werde ich leben in den Herzen derer, die mich gekannt haben. Und dann . . .
»Nun komm ich noch einmal und dann nimmermehr . . .« sagt die Königin im Märchen von Brüderchen und Schwesterchen. Erst als einer sie erkennt und anspricht, wird sie von der Vergänglichkeit erlöst und kann unter den Lebenden bleiben.
Wer wird mich noch kennen, wenn ich gegangen bin und die, die mich kannten, auch gegangen sind? Ich will doch, daß mehr von mir bleibt als ein Stein mit verwitterter Inschrift.
Damals, als ich mit dem Wasser des Lebens besprengt wurde, hat einer zu mir gesagt: »Ich habe dich bei deinem Namen gerufen . . .«
Und wenn ich dereinst diesem Ruf folge und heimkehre, dann, so hoffe ich, werde ich meinen Namen geschrieben finden im Buch des Lebens, im Buch der Unvergänglichkeit.

VOR EINEM GANGGRAB

Der Umweg hat sich gelohnt: unter hohen Bäumen finde ich ein Ganggrab, jahrtausendealt. Gern würde ich die Menschen belauschen, die es errichtet haben. Vielleicht sah es damals hier gar nicht so viel anders aus als heute. Ich schließe die Augen, und allmählich, wie durch einen Nebel, entsteht ein Bild vor meinem inneren Auge:
In der Abenddämmerung sind sie zusammengekommen, die Männer, die für den Toten in langer, harter Arbeit eine letzte Wohnstatt geschaffen haben, und die Frauen, die ihn geliebt haben und ihn nun betrauern. Die verwirrten Kinder auch, die noch nicht verstanden haben, daß Sterben unwiderruflich ist und denen die Vorgänge wie ein neues Spiel erscheinen.
Im Dämmerlicht sehe ich sie umhergehen und ihre Riten vollziehen, ihre Gebete murmeln, ihre Tränen wegwischen. Ich sehe sie Abschied nehmen.

Dann wird es Nacht, und sie gehen heim, und das Grab liegt im Dunkeln, nur vom schwachen Mondlicht beleuchtet. Die hellen Steine schimmern.
So stehen sie seit Jahrtausenden und zeugen von einer Liebe und einer Hoffnung.
Liebe hat dem Gegangenen ein Haus gebaut: du bist aufgehoben.
Hoffnung hat ihm ein Zeichen gesetzt: du bist unverlierbar.

CARNAC

Aufrecht stehen die Steine von Carnac im Abendlicht. Den Tag über hat es um sie her Geschwätz und Geschrei gegeben, das Klicken von Kameras und das Bellen von Hunden.
Jetzt haben die Besucher andere Orte aufgesucht. Es ist still geworden auf der Heide. Im letzten Sonnenlicht leuchtet gelb der Ginster, der stachelbewehrt die Steine umspielt.
Ich habe mich niedergesetzt und lausche. Abendrot flammt über den Himmel. Davor die großen Steine. Wie alte Weise stehen sie. Nun, da der Tag verstummt ist, ist ihre Zeit gekommen. Jetzt beginnen sie zu reden. Sie reden schweigend. Sie erinnern an alte Zeiten. Vergeßt nicht, lautet ihre Botschaft. Vergeßt nicht. Ihr seid nicht die ersten. Lange vor euch gab es Leben und Weisheit, gab es Achtung und Glauben. Lange vor euch gab es Menschen. Lange nach euch wird es Leben geben. Welche Spuren wollt ihr hinterlassen?

AUSRICHTUNGEN

Bis zum Horizont ziehen sich Reihen von kleinen grauen Granitsteinen. Wie ein Heer von Zwergen scheinen sie durch die Heide zu wandern. Farn und Ginster beginnen sie zu überwuchern. Ratlos stehen wir dazwischen mit unseren Fragen:
Woher mögen diese Steine gebracht worden sein und von wem? Wozu die Mühe einer solch schweren Arbeit? Es muß von ungeheurer Wichtigkeit gewesen sein, diese Steine herbeizuschaffen und aufzustellen.
Im Französischen werden sie »alignements« genannt: Ausrichtungen. Die Ausrichtungen von Ménec, die Ausrichtungen von Kermario ... Das brachte mir diese seltsamen Steinmale näher.

Ich weiß nicht, wonach die Menschen von damals sich ausrichteten, aber ich weiß, daß es wesentlich ist, sich nach etwas auszurichten.
Solange einer orientierungslos ist, scheint jeder Schritt umsonst, denn wozu gehen, wenn man nicht weiß, wohin.
Wozu sich mühen, wenn es kein Ziel gibt?
Die Leute von Ménec haben in jahrelanger Arbeit Zeichen gesetzt, nach denen sie sich ausrichten konnten, Zeichen, die ihnen den Weg wiesen.
Wohin?
Auch wenn sie für unsere Augen im Dunkel der Geschichte verschwunden sind, so sagen doch die Steinzeichen, die sie setzten: sie gingen ins Licht.

KOSTBARKEITEN

Noch einmal bin ich nach Carnac zurückgekehrt. Die alten Steine beschäftigen mich noch immer. Ich möchte ihr Geheimnis noch tiefer verstehen. Aber dazu ist es am Tag zu laut. So bleibe ich am Abend draußen auf der Heide, als alle anderen schon gegangen sind. Ich will abwarten, bis es kühl und dämmrig wird und der Wind schlafen geht. Bis die Bodennebel zu wallen beginnen und der Mond hinter den Bäumen hervortritt und die Lichtung bescheint.

Vielleicht, wenn ich ganz still bin, wird eines der Steinmännlein um Mitternacht einen Tanz beginnen oder mir seine Schätze zeigen, Schätze aus einer grauen Vorzeit, deren Zeuge es ist. Und vielleicht, wenn ich mir die Augen wische, werden diese Schätze auch heute noch funkeln.

Ich erlebe es auf dieser Reise so deutlich, wie jeder Tag frisch beginnt und schwerer und beladener wird; wie die Wachheit der Sinne und die Frische der Farben abnimmt und einer Fülle und Müdigkeit weicht, und wie wohltuend es auch ist, daß uns der Abend das Licht und die Farben nimmt und uns auf uns selbst zurückwirft.

Freilich ist es so, daß man das zehnte Ganggrab nicht mehr mit der gleichen Frische und Neugier erforscht wie das erste oder zweite, aber mit mehr Erfahrung.

Für das zehnte Grab macht man keine großen Umwege, aber ist doch dankbar für die schönen Dinge am Wege, Kostbarkeiten wie Perlen an einer Schnur, die ich in meine Schatzkiste sammle für heute und morgen und den Tag der Vollendung.

DER WAHRE AUGENBLICK

Welcher Moment einer Woge ist der wahre?
Ist nicht Fließen ihr Wesen?

WIE PERLEN AN EINER SCHNUR

Während ich von der Bretagne erzähle, eilt meine Erinnerung von einem Höhepunkt zum anderen. Erinnerungen – Perlen an einer Schnur sind sie, aber sie vergessen die Muschelschalen, in denen sie gewachsen sind, und das Meer.
Sie lassen das ganze Meer weg und bewahren nur das Wertvollste auf – in wenigen Perlen.
Die fünfzig Kilometer zwischen Ploumanach und Morlaix sind mit den übrigen 950 km bretonischer Landstraßen verschmolzen zu einer Fahrt zwischen bewachsenen Böschungen, Feldern und kleinen Granithäusern mit Hortensien davor. Manchmal war sie erfreulich, manchmal weckte sie Ungeduld in mir.
Die Bretagne, das sind für mich nicht nur Kalvarienberge und Klippen, Kreuzgänge, Ganggräber, Muscadetwein und Meeresfrüchte. Es sind auch die tausend Kilometer Reise durch Alltägliches, in der Erinnerung verdichtet zu einer einzigen Fahrt, so wie all die Teller und Tassen, die ich im Laufe meines Lebens abgewaschen habe, rückblickend zu einem einzigen Berg Geschirr geworden sind, zu Alltag, der trägt und mit Geduld getragen werden muß.
Aber ich, ich brauche die Höhepunkte, um die tausend Kilometer Fahrt zu rechtfertigen. Ich brauche die Festtage, damit die Alltage ein Ziel haben. Und um die fünfzig Kilometer zwischen Ploumanach und Morlaix zu rechtfertigen, muß ich in Morlaix eine bezaubernde Treppe hinaufsteigen und mich an dem Blick über die Stadt freuen.
Erinnerungen sind wie Erhebungen in der Ebene, von denen aus wir den Weg zu überschauen vermögen.

INNEHALTEN

Hoch spritzt die Brandung auf an der »Côte Sauvage«. Tiefe Buchten haben die Sturmwellen in die weiche Sandsteinküste geschnitten. Hier und dort sind Grassoden ins Abrutschen geraten und hängen schon halb über dem Abgrund. Ich sitze auf

einer Klippe und schaue auf den Strand tief unter mir. Schäumend laufen die Wogen aus und bilden zarte Muster im feuchten Sand. Den Felsen, der die Bucht begrenzt, hat das Wasser ausgehöhlt, ein Torbogen ist entstanden.

Ich schaue zu, wie die Wellen anbranden, sich brechen, wie sich der Bogen jedesmal mit Gischt und Getöse füllt. Die Flut steigt und steigt. Immer höher schäumt die Brandung zu mir herauf.

Ich versuche das Gesetz zu ergründen, nach dem die Wogen ihren Weg nehmen, versuche eine Regelmäßigkeit im Aufgischten zu finden, aber ich finde keine. Jede Welle scheint ihrem eigenen Gesetz zu gehorchen und ihren eigenen Gesang zu singen.

Mit einem Mal wird es leiser. Wo eben noch hochspritzende Brandung war, ist jetzt nur noch leises Gekräusel. Wo eben noch Wogen brüllend an die Küste stürmten, plätschert es nur noch sanft. Ich sitze und warte auf die nächsten hohen Wellen, weil ich immer noch ihrer Gesetzmäßigkeit auf der Spur bin. Aber sie bleiben aus.

Still wie ein Teich liegt das Meer nun, da es alle Buchten gefüllt hat. Weiter drüben gischtet es noch ein wenig. Ich stehe auf und gehe an der Küste entlang. Überall kommt das Meer zum Schweigen.

Viele Minuten lang währt diese Stille. Dann sehe ich wieder eine Woge heranrollen und ans Ufer

klatschen, und schon folgt ihr die nächste, und das Brausen und Tosen schwillt wieder an.
Und nun verstehe ich: das war der Höhepunkt der Flut, diese große Stille, und nun hat die Ebbe eingesetzt und das Meer beginnt zurückzuwogen. Es hatte innegehalten für einen Augenblick der Atemlosigkeit.
Und dann spüre ich, wie auch mein Atem diesem Rhythmus folgt. Zwischen Aus- und Einatmen gibt es diesen kurzen Moment des Innehaltens.

Und nun fallen mir weitere Beispiele ein:
Die plötzliche Stille im Brausen des Windes. Wie oft hatte ich schon diesen ruhigen Augenblick genutzt, wenn ich an einem windigen Tag Blumen fotografieren wollte. Oder im Wechsel der Jahreszeiten. Am deutlichsten ist diese Stille an den letzten Sommertagen, bevor die Herbststürme einsetzen. Oder im Ausklingen des Winters.

Das sind Momente, in denen scheinbar nichts geschieht – aber ohne die auch nichts geschehen könnte.
Dieses kurze Innehalten beim Tanz, bevor wir den Schritt oder die Richtung wechseln. Ein Augenblick nur, aber wir können nicht von einer Bewegung in die andere stolpern. Wir müssen innehalten, um im Gleichgewicht zu bleiben.
Innehalten beim Wechsel zwischen Nacht und Tag, zwischen Tag und Nacht. Innehalten beim Beginn und Ende einer Mahlzeit. Am Ende einer Tätigkeit vor dem Beginn einer anderen, weil wir sonst aus dem Gleichgewicht kommen.
Wie hastig wird unser Atem, wenn wir das Innehalten übergehen wollen. Wie hastig werden unsere Tage, wenn wir diese ruhigen Augenblicke versäumen. Früher war es üblich, daß die Menschen in solchen Augenblicken des Innehaltens ein Gebet sprachen: einen Morgensegen, einen Abendsegen, ein Dankgebet. Um im Gleichgewicht zu bleiben.

DER WAHRE BLICK

Wenn alles beständig im Werden und im Wandel ist, wann ist dann etwas das, was es sein soll? Welches ist der wahre Augenblick? Wenn eine Kirche nicht mehr Baustelle ist und noch nicht Ruine? Wenn ein Boot nicht mehr Bauholz ist und noch nicht Wrack? Ist der Schmetterling wesentlicher als die Puppe oder die Raupe oder das Ei? Ist die Blüte bedeutsamer als die Knospe und die Frucht?

Wenn es so wäre, dann käme alles darauf an, den richtigen Moment zu erleben. Dann wäre alles ein Hinstreben auf diesen einen Augenblick der Wahrheit.

Und wenn der versäumt würde, wäre alles verloren. Dann hätte die Raupe, die gefressen wird, bevor ein Schmetterling schlüpfen kann, umsonst gelebt, weil es einzig und allein darauf ankäme, ein Ziel zu erreichen.

Dann müßten du und ich beständig wach sein, um jenen Augenblick abzupassen, in dem wir nicht mehr im Werden sind und noch nicht im Vergehen.

Aber seit ich die Botschaft der bretonischen Küste vernommen habe, glaube ich nicht mehr, daß es diesen vollkommenen Augenblick gibt. Denn wir sind, solange wir sind, immer im Werden. Und vom ersten Atemzug an sind wir auch schon im Vergehen. Es kommt nicht darauf an, den wahren

Augenblick zu erleben, sondern den wahren Blick zu bekommen. Den Blick für das, was die Dinge und Lebewesen sind, gerade dann, wenn wir ihnen begegnen.
Dann gilt es, in einer Raupe eine vollkommene Raupe zu erleben. Jeden Moment eines Sonnenuntergangs als den schönsten zu betrachten. Nicht im »Wenn . . . dann« zu leben, sondern im Jetzt.
»Heute will ich bei dir einkehren . . .«, nicht dann, wenn du aufgeräumt hast und bereit bist. Heute, mit dem Blick der Wahrheit . . .
»Und in jedem Augenblick war es das, was es sein mußte«, sagt Antoine de Saint-Exupéry über das heranwachsende Kind.

Wenn wir das in allem erkennen könnten, anstatt unsere Zielvorstellungen zum Maßstab zu machen, wieviel Ungeduld und Sorge bliebe uns erspart. Wenn wir das annehmen und in uns aufnehmen würden, dann könnte jeder Augenblick der wahre sein, jede Stunde eine Stunde der Erfüllung. Dann gäbe es kein Warten, sondern nur ein Werden und Wandeln-lassen. Dann würden alle Wandlungen ihre Schrecken verlieren, dann müßten wir keine Angst mehr haben vor Veränderungen. Denn immer, wenn ein Altes vergeht, wird ein Neues.

Über die Autorin:
Ruth Rau, geboren 1944 in Weidenau/Sieg, wuchs im Rheinland auf. Nach mehrjähriger Tätigkeit im pharmazeutischen Bereich besuchte sie ein Seminar für ev. Gemeindearbeit und war anschließend mehrere Jahre in der kirchlichen Jugendarbeit und Erwachsenenbildung tätig.
Seit ihrer Heirat und Umsiedlung nach München im Jahr 1971 begann Ruth Rau als Gasthörerin Kunstgeschichte zu studieren und sich mit Fotografie zu beschäftigen. Ihre besondere Vorliebe gilt der mittelalterlichen Plastik. Kunstreisen führten sie durch weite Teile Europas. Nach Jahren des Sammelns begann sie, Fotoserien aus dem Bereich der alten Kunst zusammenzustellen und als Handabzüge zu verkaufen. Dazu kamen immer mehr Naturaufnahmen, zu denen sie meditative Texte schrieb. Ihre Bilder und Texte wurden auch in zahlreichen Zeitschriften veröffentlicht. 1984 erschien im Fotokunst-Verlag Groh ihr erstes Buch ». . . dann wünsche ich mir Flügel«.
Seit 1986 lebt Ruth Rau in der Nähe von Freiburg, wo sie zusammen mit ihrem Mann ein Ingenieurbüro für Elektronikentwicklung aufgebaut hat und leitet. Ihr Alltag ist geprägt von dem Bemühen, die sachlichen und die besinnlichen Seiten des Lebens miteinander zu einem harmonischen Ganzen zu vereinen. Sie versucht, auch in der Betriebsamkeit des Alltags die leisen Töne nicht zu überhören und die Botschaften von Bäumen, Vögeln, Blumen und Landschaften ins Leben mit einzubeziehen.

Zu den Fotos:
Das Titelbild fotografierte Werner Richner; es zeigt eine Ansicht des Mont St. Michel.
Alle übrigen Fotos stammen von Ruth Rau.
Die Aufnahmen zu den Kapiteln »Vergängliche Landschaften« und »Strandgut« sind zum Teil an der bretonischen Nordküste am Cap Fréhel, um St. Malo und um Lannion, zum Teil an der Südküste am Pointe du Raz und auf der Crozon-Halbinsel entstanden.
Die Schiffswracks fanden sich vor allem im Hafen von Camaret (Crozon-Halbinsel).
Im Kapitel »Wolken ziehen drüber hin« sind Aufnahmen der Kirchenruinen Beauport Abbaye, Lanleff und St. Mathieu enthalten.
Das Kapitel »Menschen und ihre Spuren« bringt Aufnahmen des Ganggrabes »La Roche-aux-Fées« und der Menhire und Steinreihen von Carnac.
Im Kapitel »Der wahre Augenblick« sind Aufnahmen von der Côte Sauvage und von der Crozon-Halbinsel enthalten.